Où est Patatepilée?

Remerciements spéciaux à M. Wilson et Madame Cindy Chien pour leur très généreuse contribution ainsi qu'à Mademoiselle Miranda Chien pour son aide inestimable sans quoi la production de ce livre n'aurait pu être possible.

Illustré par Serge Boisvert deNevers
Textes de Michel Bouchard

Une idée originale de Serge Boisvert deNevers

PRESSES AVENTURE

Bienvenue dans le monde des rêves de Patatepilée !

Qui est un succulent reste de pâté chinois, qui a comme meilleur ami Jude Rouge-O, ou qui vit dans un super pays appelé Frigolo ?

C'est Patatepilée bien sûr ! Retrouve ton pâté chinois préféré et tous les personnages de la merveilleuse contrée nordique de Frigolo dans ce délicieux album !

À toi de jouer !

C'est le moment d'exercer ton sens de l'observation !
Patatepilée a besoin de ton aide pour retrouver ces cinq choses très importantes qu'il a perdues dans ses rêves :

Sa Fourchette dorée

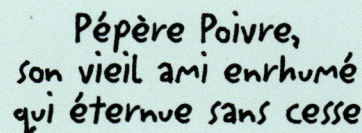

Saucisse, son animal de compagnie

Pépère Poivre, son vieil ami enrhumé qui éternue sans cesse

Sally De la Salière

Huit, sa copine chandelle de fête qui a la mèche courte !

Que ce soit dans le rêve de la Coupe glacée, du Super-Oréo, de la Voie lactée, de Indianana Jaune ou de la Convention internationale des pâtés chinois, à toi de retrouver tout ce que Patatepilée a égaré.

Après avoir élucidé le mystère de la disparition de mon paprika, résolu le problème des changements climatiques de mon extraordinaire pays et réglé le cas de la bande hypercalorique de Burgo et Cosco, je suis à présent sans ressource... je perds tout, tout le temps ! Et c'est encore pire quand je rêve...

La nuit, quand la lumière de Frigolo est éteinte et que c'est l'heure de dormir, il m'arrive de faire des rêves. Des rêves fantastiques où je peux aller dans des endroits fabuleux comme escalader le mont Réfrigo, prendre un petit bain de chaleur au Monténégro-ondes ou taquiner les poissons dans l'amer de l'assaisonnement méditerranéen. Rêver, c'est un peu comme faire de super voyages gratuitement !

Le rêve de la COUPE GLACÉE

Dans mes rêves... Ce serait à Frigolo que se tiendraient les fameux 500 milles d'Indiananas-polis. Une course de four-Moule chaudement disputée. J'imagine bien les coureurs vedettes comme Chou-macher, Coquille Saint-Jacques Villeneuve et Risoto Alonzo se disputer la prestigieuse Coupe glacée...

À toi de retrouver :
- Fourchette
- Sally
- Saucisse
- Huit
- Pépère Poivre

BONUS

Question Pat
L'expression « Tomber dans les pommes » est illustrée quelque part dans cette fresque, sauras-tu la reconnaître ?

VITE, CHANGEMENT D'HUILE!

CETTE VOITURE A « PAS RÂPE »!

COQUILLE SAINT-JACQUES VILLENEUVE
RISOTO ALONZO
FERRARO
Friandises
QUEL CITRON!
CONTOURNE LES SCONES!
PANNE D'ESSENCE!
ESSENCE DE VANILLE
sucre à glacer
ATTENTION LA PISTE EST GLACÉE ICI!

Le rêve de SUPER-ORÉO

Dans mes rêves... J'aimerais tant être un SUPER-ORÉO qui vient sauver les pauvres victimes de la bande des Mâles Bouffons, les saligauds ! Quand les Mâles Bouffons sèment la terreur, ça chauffe à Frigolo. Que j'aimerais avoir des superpouvoirs pour les arrêter, les empêcher de mettre à exécution leurs plans et les contrecarrer aux dattes !

À toi de retrouver :

- Fourchette
- Sally
- Saucisse
- Huit
- Pépère Poivre

BONUS

Question Pat

L'expression « Se mettre les pieds dans les plats » est illustrée quelque part dans cette fresque, sauras-tu la reconnaître ?

TTENTION, VOILÀ UPER-PAT!
ET JUDE L'ÉCARLATE, SON FIDÈLE COMPAGNON!
FROMAGE BRICK
TE VOILÀ ACCULÉ AU PIED DE CE MUR DE FROMAGE BRICK!
JE SUIS UN PAIN PERDU!
BONJOUR, JOLIE MADELEINE, TU VEUX UN BONBON?
IL VA ME RÉDUIRE EN MIETTES!
BOTTEZ-MOI!

Le rêve de la VOIE LACTÉE

Dans mes rêves... Des fois, je me retrouve dans une galaxie lointaine, hors de la crémeuse Voie lactée. Il y a beaucoup de petits bonshommes verts étranges... Et tout y est différent, le ciel est plein d'étoiles d'anis, il y a des tas «d'extra-tes-restes», de jolis croissants de lune, c'est vraiment spatial !

À toi de retrouver :

- Fourchette
- Sally
- Saucisse
- Huit
- Pépère Poivre

BONUS rue du Fréon

Question Pat

L'expression « Ne lâche pas la patate » est illustrée quelque part dans cette fresque, sauras-tu la reconnaître ?

C'est une canette spatiale ?

WHOUAH!!!
JE PENSAIS BIEN VOIR UNE SOUCOUPE VOLANTE MOI!
rue du Fréon
STOP
Sauc Soya
LE CIEL EST BEAU EN «CRÈME»!
TIENS BON, PAT!!! NE LÂCHE PAS!
JE SAVAIS QUE LE SOL ÉTAIT FAIT EN FROMAGE!

Le rêve de INDIANANA JAUNE

Dans mes rêves... Je suis un aventurier archéologue courageux. J'ai un fouet et un super chapeau et je me nomme Indianana Jaune d'œuf! Et pour mettre la main sur des objets de grande valeur comme le Jujube Perdu, je dois affronter des tribus d'indigestes affamés!

À toi de retrouver :

- Fourchette
- Sally
- Saucisse
- Huit
- Pépère Poivre

BONUS

Question Pat

L'expression « peser sur le champignon » est illustrée quelque part dans cette fresque, sauras-tu la reconnaître ?

JE NE SUIS PAS NOUILLE, JE SUIS MACARONI!

NOUS SOMMES GRILLÉS!

Xqui
C'EST DONC ICI FOURNEAU DE JANEIRO?
PAT, FOUETTE LA CRÈME!
OH, J'AI FAIT UNE BOULETTE!

Le rêve de la CONVENTION INTERNATIONALE DES PÂTÉS CHINOIS

Dans mes rêves... J'organise la toute première Convention annuelle des pâtés chinois INTERNATIONALE! Tous les pâtés y sont représentés! Mêmes les populaires soupers russes, un beau gâchis Parmentier à ce qu'on raconte! On y croise tout le gratin de Frigolo. Les recettes proviennent de partout dans le monde, après tout, faire un pâté, ce n'est pas chinois!

À toi de retrouver :

- Fourchette
- Sally
- Saucisse
- Huit
- Pépère Poivre

BONUS

Question Pat

L'expression « Se vendre comme des petits pains chauds » est illustrée quelque part dans cette fresque, sauras-tu la reconnaître ?

J'ADORE BOIRE UN COCKTAIL DE SAUCISSES!

JALAPENO, ÇA NE VEUT PAS DIRE J'AI DE LA PEINE???

C'EST UN CANOT-LIT!

CONVENTION
TERNATIONALE
DES PÂTÉS
CHINOIS DU
MONDE
DES CRÊPES, ÇA C'EST PLATE!
WOW, CE QUE VOUS PORTEZ EST TRÈS «SCHEIK»!
PETITS PAINS CHAUDS
50¢
POMFRITE LE MAGICIEN

Scène des **DIFFÉRENCES**

Dans mes rêves... Je me vois devenir un grand acteur de théâtre! Lire les textes de Steakspeare, Victor Pogo, Salière, Bière Corneille, Jean Racinette...

J'ai même fait plusieurs fois le même rêve sur le théâtre, mais il y avait quelques différences entre les songes, saurais-tu les trouver? Examine les images pour découvrir 20 différences.

DÉFIS EXTRÊMES !

Tu as réussi à retrouver tous les objets perdus de Patatepilée ? Bravo, tu as un excellent sens de l'observation ! Sauras-tu maintenant répondre à ces défis extrêmes ?

Dans quelle scène retrouve-t-on :

1. UN MÉCHANT SERPENT ?
2. UN MILLEFEUILLE HARCELÉ PAR UN VILAIN CORNICHON ?
3. UN PRESTIDIGITATEUR DOUÉ ?
4. UN SUSHI ?
5. UNE BOÎTE DE CONSERVE FURIEUSE DE SE FAIRE SALIR PAR DU FROMAGE FONDANT ?
6. UNE PÂTE ALIMENTAIRE MÉCONTENTE ?
7. UNE CASSEROLE ARMÉE ?
8. UN JOUEUR DE CORNEMUSE ?
9. DES BANANES SIAMOISES ?
10. UN SUÇON EN FORME DE STOP ?

Solutions défis extrêmes

1. Indiahana Jaune
2. Super-Oréo
3. Convention internationale des pâtes chinois
4. Super-Oréo
5. Coupe glacée
6. Indiahana Jaune
7. Voie lactée
8. Convention internationale des pâtes chinois
9. Coupe glacée
10. Voie lactée

ARTICULER !

À quelle expression te fait penser l'expression suivante ? Et combien de fois peux-tu la répéter sans que la langue ne te fourche ? Attention, c'est parti !

« Les chemises de l'artichaut sont sèches ou arachides sèches ? »

Solution : « Les chemises de l'archiduchesse sont-elles sèches ou archi-sèches ? »

EXPRIMONS LES EXPRESSIONS !

Tomber dans les pommes signifie en réalité perdre connaissance.

Se mettre les pieds dans les plats signifie se placer soi-même dans une situation problématique.

Ne lâche pas la patate signifie ne pas abandonner !

Se vendre comme des petits pains chauds signifie que quelque chose est très facile à vendre.

Peser sur le champignon signifie accélérer en véhicule motorisé.

RIRE JAUNE !

La blague plate de Jude Rouge-O

Pourquoi l'œuf fouetté ne se trouve-t-il pas joli quand il est cuit ?
Parce que tout le monde lui dit que c'est une omelette !
Ben quoi, omelette, dans le sens d'homme « lette », non ?

La blague plate de Patatepilée

Pourquoi une bouilloire c'est super chouette ?
Parce que l'eau y bout !
Ben quoi, l'eau y bout, hibou... non ?

Les SOLUTIONS

COUPE GLACÉE

SUPER-ORÉO

VOIE LACTÉE

INDIANANA JAUNE

CONVENTION INTERNATIONALE DES PÂTÉS CHINOIS

DIFFÉRENCES

Je fais beaucoup d'autres rêves succulents dont je n'ai pu vous parler ; comme l'autre soir, où j'ai imaginé un songe intitulé *L'invasion des Robots Culinaires contre le Buffet froid*. Oh là là celui-là aurait fait un super film, tout le monde sait que les buffets n'aiment pas être en reste ! D'autres fois, je rêve à la demi-lune avec son croissant feuilleté et, le matin, je ne me souviens plus de rien... Vous, rêvez-vous ? Je parie que oui ! Pourquoi n'essayez-vous pas de dessiner vos propres rêves ? C'est un jeu délicieusement palpitant !